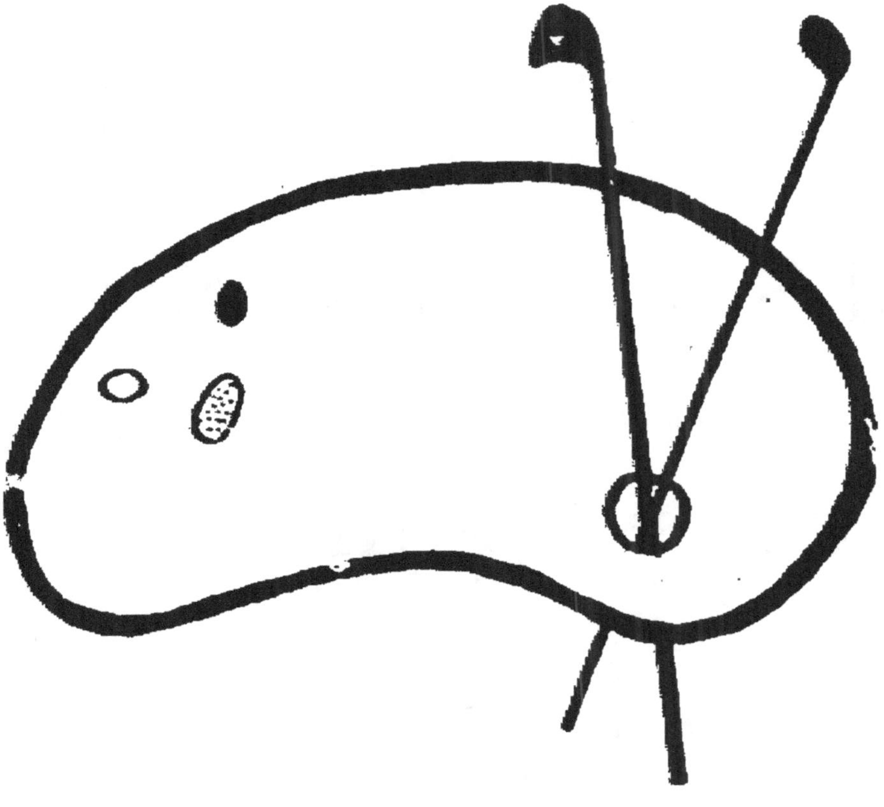

DEBUT D'UNE SERIE DE DOCUMENTS
EN COULEUR

BIBLIOTHÈQUE HISTORIQUE DU DAUPHINÉ

F. CROZET

LES ARCHIVES

de l'ancienne Chambre des Comptes

DU DAUPHINÉ

GRENOBLE

Xavier DREVET, éditeur

Imprimeur-Libraire de l'Université et de l'Académie

14, rue Lafayette, 14

Succursale à Uriage-les-Bains.

Prix : 0 fr. 75

LIBRAIRIE XAVIER DREVET

LIBRAIRIE DE L'UNIVERSITÉ ET DE L'ACADÉMIE. — FONDÉE EN 1785

14, rue Lafayette, 14, GRENOBLE

Succursale à Uriage-les-Bains.

Bureaux du Journal LE DAUPHINÉ

BIBLIOTHÈQUE LITTÉRAIRE DU DAUPHINÉ

Nouvelles et Légendes Dauphinoises, par Mme *Louise Drevet*, membre de la Société des Gens de Lettres de France, Officier de l'Instruction publique, Q I.

Le Petit-Fils de Bayard (2e *édition, avec illustrations*).	3 »
Aventure de Mandrin (3e édition)......................	» »
La Malanot. — Jérôme le Têtu. -- Le Gant Rose, etc.	3 50
En Garnison.—La Pierre du Mercier.—Le Saut du Moine	» »
Le Saule. — L'Incendiaire. — Philis de la Charce.....	3 50
Le Secret de la Llauda	3 50
Les Trois Pucelles (2e *édition*)...................	» »
Colombe. — La Ville Morte des Alpes..............	» »
Le Château Enchanté (2e *édition*)...............	» »
Dauphiné Bon-Cœur (H^{re} de Vaucanson (2e *édition*)...	» »
La Chanteuse de Valence (Une Etoile Filante)........	2 50
La Perle du Trièves......................	3 50
Les Diamants Noirs (*nouv. édition avec couv. illustrée*).	3 50
Philis de la Charce et l'Invasion du Dauphiné. 4e *édition*	
avec couverture illustrée)......................	3 »
Le Visionnaire. -- La Saudrine, drame dans le Vercors.	
— Les Lavandières du Mont-Aiguille..............	3 »
La Semaine de Jean Coliquard (*avec illustrations*)....	0 60
Une Patriote : Philis et l'Invasion (*avec illustrations*).	2 »
Le Prince-Dauphin et la Belle Vienne. — Un Geste de	
Charlemagne. -- Le Songe du Prince-Evêque de Gre-	
noble..	0 75
Isèrette (2e *édition, avec couverture illustrée*)........	3 50
Bobila, 1814! (*avec 9 dessins et couverture illustrée*)..	1 »
Le Dogue de Lesdiguières (*avec dessins et couv. illustrée*)	2 »
Anne Quatre-Sous (*avec dessins et couvert. illustrée*).	1 50
Les Bessonnes du Manilier (*nouvelle édition*)........	3 50
La Guette de Saint-Maurice de Vienne (*avec illustration*)	1 50
Promenades en Dauphiné	1 50
Héros sans gloire! (Bobila. — Le Dogue. -- Anne	
Quatre-Sous) (*avec de nombreuses illustrations*)....	3 50
La Dernière Dauphine, Béatrix de Hongrie (*illustré*)..	3 50
En Mateysine. Les Filleules de M. de Mailles (*illustré*.	1 50
Les Légendes de Paladru (*avec illustrations*)	1 50
Le Porteballe de l'Oisans (*avec illustrations*).... ...	1 50
Les Funérailles de la Dauphine (*avec illustrations*)...	» 50
La Maison des Iles du Drac (Le Dauphiné en 1815-16)	
2 volumes, avec nombreuses illustrations..........	6 »

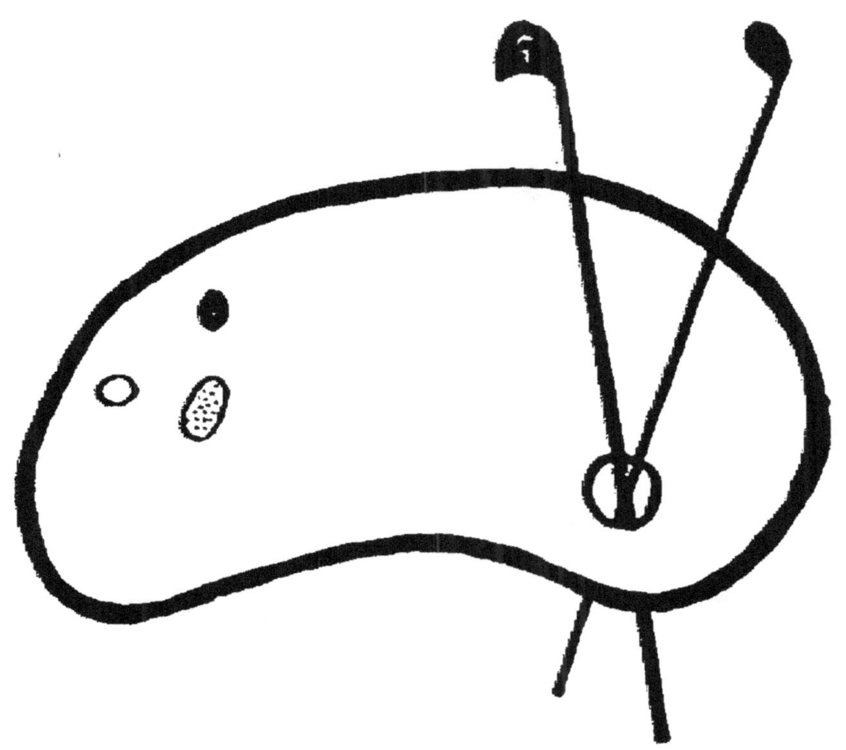

FIN D'UNE SERIE DE DOCUMENTS
EN COULEUR

NOTICE

sur

LES ARCHIVES

DE L'ANCIENNE CHAMBRE DES COMPTES

DE GRENOBLE

Par F. CROZET, ancien avocat.

EXTRAIT DU BULLETIN DE L'ACADÉMIE DELPHINALE

Séances des 4 avril et 45 mai 1868

§ 1er. Notions préliminaires.

LES titres dépendants des archives de l'ancienne Chambre des comptés du Dauphiné, qui forment véritablement les titres historiques de la province, sont restés jusqu'à ces derniers temps déposés dans les bâtiments du palais de justice de Grenoble où siégeait anciennement la Chambre des comptes.

En 1793, ces archives furent bouleversées, et un grand nombre de titres, considérés comme entachés de féodalité, furent brûlés. Mais la plus grande partie des titres et registres fut conservée, et notamment un inventaire en trente volumes in-folio, fait au commencement du 18e siècle, et contenant l'extrait détaillé de tous les titres originaux et même de ceux transcrits dans les diverses collections de registres.

Après la suppression de la Chambre des comptes, ces archives furent considérées comme dépendant de l'Administration ; mais elles restèrent au ~ lais de justice, et l'Administration y joignit une grande quantité de titres et papiers provenant des églises, monastères, abbayes et autres communautés religieuses qui avaient été supprimées pendant la Révolution française.

L'administration n'alloua aucun fonds pour la conservation et le classement de ces archives, et en 1816 ou 1817, elles furent mises à la disposition du procureur général près la Cour royale.

Dès cette époque, je fus employé au greffe de la Cour, comme expéditionnaire, et successivement comme greffier. En 1822, M. Achard de Germane, alors procureur général, jugea à propos de me confier la garde de ces archives, sans autre rétribution que le paiement des droits de recherche et d'expédition des titres qui seraient demandés. Je me mis alors à étudier les anciennes écritures et à mettre un peu d'ordre dans ces titres et papiers, notamment à séparer ceux qui provenaient de la Chambre des comptes de ceux qui avaient été déposés postérieurement aux archives.

Je suis resté chargé de la conservation de ces archives jusqu'en 1843, époque à laquelle je fus dans le cas, pour cause de santé, de cesser mes fonctions de greffier, et alors ces archives ont été confiées, par M. le Préfet, à la garde de M. Pilot, archiviste de la préfecture.

Pendant l'intervalle de 1822 à 1843, où ces archives ont été à ma disposition, j'ai pris des notes nombreuses sur les titres importants qu'elles contenaient, et notamment sur le volumineux inventaire des titres et papiers de la Chambre des comptes, et j'y ai trouvé des documents historiques précieux et intéressants dont j'ai pensé qu'il était utile de rendre un compte sommaire à l'Académie Delphinale.

§ 2. Nature et consistance des titres dépendant des archives de l'ancienne Chambre des comptes.

Ces titres sont pour la plupart très-importants, soit sous le rapport historique, soit sous le rapport administratif. Là se trouvent ceux qui ont servi de fondement à l'histoire du Dauphiné, tous les actes émanés des anciens Dauphins, les concessions par eux faites aux seigneurs et aux communes, les franchises et libertés par eux accordées à diverses communautés, les statuts et ordonnances relatifs à la province, soit qu'ils émanent des Dauphins et des évèques qui, dans le principe, avaient une juridiction temporelle très-étendue, soit qu'ils aient été rendus par les rois de France qui ont succédé aux Dauphins, notamment le statut delphinal et les actes relatifs au transport du Dauphiné à la France. On y trouve aussi les actes d'aliénation du domaine delphinal depuis le 12ᵉ siècle jusqu'à l'époque de la Révolution de 1789. Il existe une certaine quantité de titres originaux du 13ᵉ siècle et un plus grand nombre de titres des siècles postérieurs.

Il y a pour tous ces titres un inventaire général et authentique qui fut fait pendant les années 1700 à 1708, par des commissaires délégués par la Chambre des comptes. Cet inventaire, en trente volumes *in-folio* dont une copie se trouve à la Bibliothèque impériale à

Paris, contient l'extrait sommaire de tous les titres qui existaient alors aux archives. Cet inventaire a été fait avec beaucoup de soin et d'après un mode de classement clair et méthodique.

Les deux premiers volumes de l'inventaire comprennent les titres généraux de la province et par conséquent les plus importants sous le rapport historique. Ils sont divisés en plusieurs chapitres, d'après la nature et l'objet des titres, et chaque chapitre rappelle les titres par ordre chronologique.

Ainsi le premier chapitre contient l'analyse des titres relatifs à l'histoire des Dauphins avant et après le transport du Dauphiné à la France. On y trouve les concessions qui leur ont été faites par les empereurs, les titres par lesquels ils ont acquis diverses parties du Dauphiné, leurs mariages, leurs testaments, les actes relatifs au transport du Dauphiné à la France, et une foule d'autres titres précieux.

Le 2e chapitre rapporte un grand nombre de bulles des papes et des empereurs sur plusieurs concessions et priviléges, et des édits, déclarations, lettres-patentes, arrêts, règlements et ordonnances relatifs aux intérêts généraux de la province.

Le 3e rappelle divers traités de paix, de ligue et d'alliance entre différents princes et notamment entre les Dauphins et les comtes de Savoie.

Au 4e chapitre sont rapportés des hommages faits par les Dauphins et plusieurs actes concernant les ecclésiastiques et l'aliénation de leurs biens.

Le 5e chapitre contient l'extrait des titres, édits et ordonnances concernant les officiers de justice et de finances en Dauphiné, leur création, leurs fonctions et gages, et les noms des gouverneurs du Dauphiné et de leurs lieutenants, depuis le transport du Dauphiné à la France.

Le 6ᵉ chapitre rappelle les titres concernant le domaine delphinal ; le 7ᵉ, ceux relatifs aux gabelles et péages, et le 8ᵉ, ceux concernant le ban et l'arrière-ban.

Au 9ᵉ chapitre sont rapportés des hommages, testaments et autres actes concernant les familles nobles du Dauphiné.

Le 10ᵉ chapitre contient les actes relatifs aux monnaies, et le 11ᵉ ceux concernant la révision des feux de la province.

Le président De Valbonnais, dans son important ouvrage sur l'histoire du dauphin Humbert II, a transcrit un assez grand nombre de titres énoncés dans les deux volumes de l'Inventaire concernant les titres généraux du Dauphiné. Mais tous les titres importants n'ont pas été transcrits dans cet ouvrage, et il y en a un bien plus grand nombre qui sont restés inédits.

Les autres volumes de l'Inventaire rappellent les titres concernant les diverses parties de la province. Ainsi, un certain nombre de volumes, suivant l'importance de chacune de ces parties, sont consacrés séparément *au Graisivaudan, au Viennois, à St-Marcellin, au Valentinois, au Gapençais, au Briançonnais, à l'Embrunais et aux Baronnies*. Chaque partie de la province est divisée en mandements qui sont classés par ordre alphabétique, et les mandements importants sont subdivisés en sections, suivant la nature des titres qui, dans chaque section, sont rappelés et analysés par ordre chronologique, avec indication de la caisse ou du registre où se trouve l'acte mentionné dans l'Inventaire.

Les titres et papiers dépendant de la Chambre des comptes se composent :

1° Des titres, chartes, lettres-patentes et autres actes qui existaient en originaux dans diverses caisses ou placards désignés dans l'Inventaire sous les noms de *Caisses du Dauphiné, du Graisivaudan, du Viennois, de St-Marcellin, du Valentinois, du Gapençais, du Briançonnais. de l'Embrunais et des Baronnies.* La plupart de ces titres, qui sont tous analysés dans l'Inventaire, existent encore et ils ont été réunis en liasses et placés dans des cartons, suivant les divisions ci-dessus énoncées de l'Inventaire ;

2° Des collections de registres intitulés *Pilati, Copiarum, Generalia, Homagiorum,* etc., contenant des transcriptions de titres qui ont été également analysés dans l'Inventaire ;

3° D'une certaine quantité d'autres registres et cahiers dépendant également de la Chambre des comptes et portant des colatures particulières. Les actes contenus dans ces registres sont aussi analysés dans l'Inventaire ;

4° D'un certain nombre de registres contenant les procès-verbaux de la révision des feux de la province, faite dans le courant du 15ᵉ siècle ;

5° De quelques registres contenant les procès-verbaux de l'aliénation du domaine Delphinal ;

6° D'une collection d'anciens comptes de châtelainie rappelés sommairement dans l'Inventaire sous le nom de chaque mandement auquel ils se rapportaient.

Plusieurs autres collections de registres, telles que les *terriers, reconnaissances, aveux et dénombrements* ont été détruites pendant la Révolution comme contenant des titres féodaux. Mais les actes contenus dans ces collections ont été analysés dans l'Inventaire, qui supplée pour cette partie aux actes qui n'existent plus.

Indépendamment des titres et actes ci-dessus énoncés, il dépendait encore des archives de la Chambre des comptes une collection de cartons contenant d'anciennes chartes relatives au comté de Valentinois et notamment à la famille de Poitiers qui avait possédé ce comté. Ces cartons et les titres qu'ils contenaient n'ont pas été mentionnés dans l'Inventaire des archives. Il paraît qu'ils avaient été déposés aux archives postérieurement à la confection de l'Inventaire. Il n'existe pas d'Inventaire spécial de ces titres que j'ai parcourus et vérifiés. J'ai reconnu qu'il manquait dans les cartons plusieurs titres parmi ceux dont le nombre est indiqué sur chaque carton. Mais il en reste encore la plus grande partie. J'ai dressé l'état de ces cartons, avec l'indication sommaire des titres principaux qui y sont contenus.

§ 3. Titres et pièces qui ont été déposés aux archives de la Chambre des comptes pendant et après la Révolution de 1793.

Parmi ces titres, il en est également qui ont une assez grande importance sous le rapport historique. La plupart de ces titres n'ont pas été inventoriés ; cependant il y en a qui ont été analysés dans des inventaires particuliers.

Tels sont les titres et papiers du monastère de la Grande-Chartreuse où l'on trouve des documents précieux par leur ancienneté. notamment deux lettres de St-Hugues, évêque de Grenoble, relatives à la fondation de ce monastère, une lettre de l'abbé de la Chaise-Dieu, de l'an 1090, et un grand nombre de titres pouvant servir à l'histoire des progrès et de l'accroissement de l'ordre des Chartreux. — Mais la plupart de ces titres sont intéressants sous le rapport administratif, comme établissant les droits de propriété de l'Etat sur les bois et forêts ayant appartenu aux Chartreux. Ils sont surtout utiles dans les difficultés relatives à l'étendue et à la délimitation de ces forêts.

Tous ces titres ont été inventoriés en l'an V (1797) ; cet inventaire existe aux archives et il contient l'énumération de 1165 numéros, dont chacun se rapporte à une pièce ou à une liasse sur chacune desquelles le n° correspondant est inscrit.

Il existait aux archives des titres précieux dépendant de l'évêché de Grenoble et de l'archevêché de Vienne. Il y avait un inventaire des titres de l'évêché de Grenoble. Sur la demande de Mgr l'évêque de Grenoble, la plupart de ces titres lui ont été restitués en 1834, d'après les ordres de l'Administration et sur un triage fait par une Commission administrative. Tous les titres historiques et notamment le Cartulaire de St-Hugues, manuscrit précieux par son ancienneté, ont été retirés par l'évêché. Il n'est resté aux archives qu'un petit nombre de titres qui ont été considérés comme titres de propriété.

Cependant il est resté aux archives trois titres très-anciens provenant de l'église de Vienne.

Le premier est une charte originale du 8 des ides de mars, an 926, contenant vente du bourg de Tortilianum (Torchefelon), par l'abbé de St-Martin-d'Autun, à l'église de Vienne. — Cette charte est sur parchemin.

Au bas de l'acte se trouvent les signatures de l'abbé et des religieux de l'abbaye de St-Martin. Il paraît qu'il y avait anciennement sur ce titre un sceau plaqué, de forme ronde, dont la place est marquée sur le parchemin.

Le 2ᵉ titre est une charte du 8 des calendes de mai de l'an 1011, portant donation de divers fiefs par le roi Rodolfe à son épouse Hermengarde. — Cet acte est revêtu d'un sceau en cire jaune, de forme ronde, plaqué sur le titre, et portant l'effigie de Rodolfe, avec cet exergue : *Rodolfus pius rex.*

Au dos est écrit : *Ego regina Hermengarda hæc omnia infrascripta michi data dono Deo et Sancto Maurilio ecclesiæ Viennensi.*

Et plus bas : *Donatio facta per reginam Hermengardam ecclesiæ Sancti Mauricii Viennensis.*

Le 3ᵉ titre est une bulle du pape Calixte, du 5ᵉ des calendes de mars 1120, portant concession et confirmation de divers priviléges en faveur de l'église de Vienne. Cette bulle existe en deux originaux et deux *vidimus* dont l'écriture paraît plus récente. Les sceaux paraissent avoir été détruits.

Ces trois titres sont contenus dans deux boîtes en ferblanc, qui se trouvaient dans un tiroir dépendant des archives de la Chambre des comptes. J'ai fait la copie des deux premiers dont l'écriture diffère beaucoup. Le titre de 926 présente des caractères plus réguliers et d'une forme plus simple que la charte de l'an 1011, dans laquelle le corps des lettres est très-petit, tandis que les jambages supérieurs et inférieurs sont très-prolongés, ce qui rend cette écriture difficile à lire.

On trouve encore aux archives les titres et papiers

relatifs à la chartreuse de Prémol. Il existe un inventaire de ces titres contenant 343 pièces ou liasses numérotées.

Les titres les plus remarquables sont les actes de fondation de l'an 1234, la visite du couvent de Prémol faite par le prieur de St-Hugon en 1266, le testament de Guigues Dauphin de l'an 1269, par lequel il institue neuf prêtres religieux en la maison de Prémol, et un manuscrit du XIIe siècle, contenant des traités de théologie avec les lettres initiales enluminées.

Les titres de la chartreuse de St-Hugon se trouvent également aux archives. Il en existe aussi un inventaire ; mais une grande partie des titres qui y sont mentionnés ne se retrouvent plus; les numéros manquants consistent principalement en terriers qui paraissent avoir été brûlés à l'époque de la Révolution. Il existe encore un acte en parchemin, contenant un *vidimus* du 17 mars 1340 de la fondation de la chartreuse de St-Hugon.

Les autres titres d'église existant aux archives sont notamment ceux de l'abbaye des Ayes de Crolles, du couvent de Montfleury, de celui de Ste-Marie-d'en-Haut, des Ursulines de Grenoble, des Minimes de Vienne, de l'Hôtel-Dieu et de la Charité de Vienne, et du prieuré de la Côte-St-André. Il n'a pas été trouvé d'inventaire de ces titres.

Parmi les papiers des familles émigrées, déposés aux archives pendant la Révolution, on en a trouvé qui concernaient les familles de Morges, d'Herculais, de Monval, Bovier-St-Jullien, de Ponat et plusieurs autres familles auxquelles les papiers les concernant ont été restitués à diverses époques.

§ 4. Indication des principaux titres rappelés dans l'inventaire des archives de la Chambre des comptes.

Pour donner une idée de l'importance de ces titres, nous avons cru devoir indiquer ceux qui nous ont paru présenter le plus d'intérêt pour l'histoire de la province. Ces indications sommaires et très-restreintes sont extraites des notes que nous avons relevées dans l'inventaire.

Art. 1er. Titres généraux du Dauphiné.

Mémoire contenant la généalogie des Dauphins à partir de l'année 1135 jusqu'à Humbert II, dernier Dauphin, qui céda le Dauphiné à la France.

1156. Donation par Berthold, duc de Bourgogne, à Guigues Dauphin et à ses héritiers, de tous les droits qu'il tenait des rois ses prédécesseurs sur la ville de Vienne.

Ides de janvier 1155. Bulle de l'empereur Frédéric Ier, portant confirmation des priviléges de Guigues Dauphin, comte de Grenoble.

1221. Bulles de plusieurs papes qui accordent des priviléges aux chevaliers de St-Jean-de-Jérusalem.

1228. Testament de Béatrix Dauphine.

4e des nones de mars 1236. Testament d'André Dauphin, comte d'Albon et de Vienne.

1244. Libertés de la ville de Grenoble.

1258. Sentence arbitrale rendue par les archevêques de Vienne et de Lyon, entre Guigues Dauphin et Amédée, comte de Savoie.

1272. Traité entre Robert, duc de Bourgogne, et Béatrix, comtesse d'Albon et de Vienne, au sujet de la régence de Dauphiné, accordée à Robert, et de la tutelle de Jean et Anne Dauphins, accordée à ladite Béatrix.

1273. Contrat de mariage d'Humbert, seigneur de la Tour, et Anne Dauphine.

1285. Traité entre Robert, duc de Bourgogne, et Humbert de La Tour et Anne Dauphine, sur la succession d'André Dauphin.

1287. Traité de paix entre Humbert Dauphin et Amédée, comte de Savoie.

1289 et 13 juillet 1292. Donation du Dauphiné par Anne Dauphine à Jean Dauphin, son fils.

25 mai 1296. Contrat de mariage entre Béatrix, âgée de sept ans, fille aînée de Charles Ier, fils du roi de Hongrie, et Jean Dauphin, fils aîné d'Humbert Dauphin, comte de Vienne et d'Albon.

1301. Traité d'alliance entre Amédée, comte de Savoie, et Humbert Dauphin, par l'entremise de Charles, fils de feu Philippe, roi de France, comte de Valois, Alençon, Chartres et Anjou.

1305. Bulle de l'empereur Albert, qui confirme Humbert Dauphin en tout ce qu'il possédait en Dauphiné et en la terre de la Tour.

1314. Traité de paix entre Jean Dauphin et Amédée, comte de Savoie.

1316. Contrat de mariage de Guigues Dauphin, fils de Jean, et d'Isabelle, fille de Philippe, roi de France.

26 août 1318. Testament de Jean Dauphin.

1er septembre 1323. Conventions matrimoniales entre Guigues Dauphin, fils de Jean, et Isabelle, fille de

Philippe, roi de France, et de Jeanne, son épouse, à laquelle il fut constitué en dot 30,000 livres.

11 juillet 1330. Lettres du roi Philippe, par lesquelles il exhorte Guigues Dauphin à faire la paix avec le comte de Savoie.

1334. Traité de paix entre Aimon, comte de Savoie. et Humbert Dauphin.

1340. Projet des conditions sous lesquelles Humbert Dauphin voulait transporter le Dauphiné à André, roi de Sicile.

23 février 1343. Transport fait par Humbert Dauphin à Philippe, fils du roi de France, du pays de Dauphiné.

1344. Ordonnance et statut delphinal.

1345. Lettres de provisions de gouverneur de Dauphiné, de Humbert Dauphin à Henri de Villars, archevêque de Lyon.

Lettres de Henri de Villars. sans date, par lesquelles il annonce au Dauphin faisant la guerre contre les Turcs, ce qui se passait de plus important en Dauphiné et ailleurs.

1347. Testament d'Humbert Dauphin, fait à Rhodes.

Pénultième mars 1349. Transport pur et simple du Dauphiné, fait par Humbert Dauphin en faveur de Charles, fils aîné de Jean. duc de Normandie, ce dernier, fils aîné de Philippe, roi de France.

Titres relatifs à l'exécution de ce transport.

1355. Testament d'Humbert, patriarche d'Alexandrie, administrateur perpétuel de l'archevêché de Rheims. ancien Dauphin de Viennois. religieux de l'ordre des frères prêcheurs, à Clermont.

1367. Lettres du roi Charles VI, Dauphin de Viennois, qui commet le gouverneur de Dauphiné pour jurer pour lui, à la tête des Etats de la province, les conditions du transport et les libertés delphinales.

1391. Commission du gouverneur pour informer des violences des gendarmes du pape et des comtes d'Armagnac, du Valentinois et de Turenne, en divers lieux de la province, avec la procédure.

1407. Délibération des états de la province pour un don gratuit accordé au roi-dauphin, pour l'acquisition des comtés de Valentinois et Diois.

1409. Procédure de limites entre le Dauphiné et la Savoie dans le territoire de Bellecombe, Chapareillan, etc.

1420. Arrèt du conseil delphinal qui marque qu'il était alors à Romans à cause de la peste.

1427. Délibération des Etats de Dauphiné, sur l'examen du compte du receveur général.

1432. Copie non signée de la délibération des Etats à Romans.

Plusieurs actes et lettres-patentes relatifs au séjour de Louis XI en Dauphiné pendant qu'il était Dauphin.

5 décembre 1445. Lettres-patentes de Louis Dauphin, par lesquelles il défend à ses sujets de reconnaître Amédée, duc de Savoie, qui avait été créé pape sous le nom de Félix V.

1446. Acte d'assemblée des Etats de Dauphiné tenue à Grenoble, où il est résolu d'accorder au Dauphin un subside de 45,000 florins.

1448. *Idem*, pour le même objet.

1447. Bulle du pape Nicolas, par laquelle il conste que Guy Pape lui avait été envoyé comme ambassadeur par le Dauphin Louis

1450-1455. Mandats faits par le Dauphin Louis sur la dot de Charlotte de Savoie.

1451. Procédure verbale sur les dites et assemblées tenues au Pont-de-Beauvoisin par les commissaires du Dauphin et duc de Savoie, au sujet des différends concernant les limites de leurs Etats respectifs.

A cette procédure se trouve annexée une lettre autographe de Louis Dauphin (Louis XI), ainsi conçue:

« Mesyre Jehan Baylle et vous Mesyre Mathyeu To-
» massyn, pour ce quy la este acorde avesques nre beau
» pere de Savoye que avant toute eure les atantas se
» reparest nous voulons et vous mandons que la bas-
» tylle quy a este fayte au Pont de Byauvoysin et toutes
» autres novellestes vous fayte outes et maytre au pre-
» myer estat jusques a ce quy lan soyt autrement or-
» done sans le prejudyse de nos droys ne de nred beau
» pere et jusques à nre venue vous poures informer de
» toute la veryte et garder quy ny et faulte. Ecry de ma
» mayn. Loys. »

Au dos est écrit de la même main la suscription sui-
vante :

« A Mesyre Jehan Baylle et Mesyre Mathyeu To-
» massyn. »

1452. Etat des dépenses faites à l'occasion du mariage du Dauphin avec Charlotte de Savoie.

1473. Visite des châteaux delphinaux.

1475. Lettres de Louis XI par lesquelles il donne avis à tous les prélats de France et de Dauphiné que le pape a dessein de convoquer un concile.

9 juin 1475. Vente par Guillaume de Châlon, prince d'Orange, au roi de France, de la principauté d'O-
range.

22 décembre 1482. Lettres-patentes de Louis XI, par lesquelles il fait des remontrances et donne des conseils à son fils Charles, Dauphin de Viennois, pour bien gouverner son royaume après sa mort.

1566. Procès-verbal du vibailli de Graisivaudan au sujet de la suppression de la Chambre des comptes de Grenoble.

1568. Edit qui rétablit la Chambre des comptes qui avait été supprimée par édit de 1566.

14 août 1595. Lettres du Parlement qui commettent Messires Ennemond Rabot, sieur d'Illins; Arthus Prunier de St-André; Octavien Emé, sieur de St-Jullien, et Joffrey de Calignon, sieur de Voreppe, présidents; Aymar de Virieu, Soffrey de Boesozel, Antoine de Dorne, François de Sautreau et Jean-Claude Audeyer, conseillers, et Jean de Lacroix, avocat général, pour aller saluer le roi à Lyon.

1601. Lettres de la Chambre des comptes qui députe vers le roi Florent Reynard, premier président, et Claude Expilly, procureur général.

1607. Bail à prix fait des réparations du palais delphinal pour 31,500 livres.

1608. Lettres-patentes d'Henri IV, qui nomme des commissaires pour demander aux Etats de Dauphiné une somme de 27,513 livres, pour augmentation de solde de ses troupes.

Art. 2. Titres du Graisivaudan.

L'analyse de ces titres est contenue dans neuf volumes de l'*Inventaire des archives*. Cette étendue indique le nombre et l'importance des titres et documents relatifs à ce bailliage, qui formait alors à peu près ce qui correspond aujourd'hui à l'arrondissement de Grenoble. Les pièces concernant la ville de Grenoble et sa juridiction étaient très-nombreuses et présentent pour la plupart beaucoup d'intérêt ; en deuxième ligne, on trouve ceux concernant la ville de Voiron et d'autres localités importantes, telles que la Mure, Mens, Sassenage, Domène, Goncelin, l'Oisans, Vizille, etc.

Quelques citations suffiront pour faire apprécier nos assertions.

1293. Transaction entre Humbert Dauphin, Anne sa femme, et Guillaume, évêque de Grenoble, au sujet de la juridiction de cette ville.

1311. Libertés et franchises du mandement de Goncelin, accordées par Jean Dauphin.

1313-1328. Libertés et franchises des habitants de St-Laurent-du-Lac (l'Oisans), accordées par Jean et Guigues Dauphins.

1315. Transaction entre Jean Dauphin et les nobles et habitants d'Allevard contenant les priviléges et franchises desdits habitants.

1338. Lettres du Dauphin, contenant les priviléges et franchises de l'Université de Grenoble.

1379. Lettres du gouverneur de Dauphiné, pour faire assigner par-devant le conseil delphinal l'évêque de Grenoble, pour rendre hommage au Dauphin.

1382. Bulle du pape Clément, portant permission de démolir l'église paroissiale de St-Jean (proche du palais delphinal) et transportant le service à l'église Saint-André.

1389. Procès criminel contre le prieur et les chanoines de St-Martin-de-Miséré, accusés de plusieurs excès, notamment d'adultères.

1391. Sentence de l'official contre Eynard de Prat, chanoine de St-Martin-de-Miséré, qui le condamne à sept ans de prison.

1395. Etat de la dépense faite pour bâtir la maison neuve du Dauphin, proche de l'église de St-André de cette ville.

1395. Libertés de la communauté de Voiron.

Art. 3. Titres du Viennois.

L'importance et l'ancienneté de la ville de Vienne indique l'importance historique des titres nombreux qui concernent cette ville et son ressort.

1214. Bulle de l'empereur Frédéric, qui fait l'archevêque de Vienne archichancelier du royaume de Bourgogne.

1254. Bulle du pape Alexandre qui confirme Humbert de la Tour au doyenné de Viennois, dont il avait été pourvu par le pape Innocent.

1280. Priviléges et franchises accordés aux habitants de St-Georges-d'Espéranche.

1291. Libertés et franchises accordées aux habitants de Sablonnières par Humbert Dauphin.

1291. Ligue entre Anne Dauphine, l'archevêque et le chapitre de Vienne.

18 avril 1307. Hommage prêté à Jean Dauphin, après le décès d'Humbert Dauphin, son père, par les barons et nobles ci-après, savoir : Graton, seigneur de Clérieu ; Guichard de Clérieu, son frère ; Guigues de Rossillon, seigneur d'Anjou ; Arthaud, seigneur de Rossillon ; Guigues Alleman, seigneur de Valbonnais ; Fran-

çois, seigneur de Sassenage ; Henry, seigneur de Vinay ; Guy, seigneur de Tullins ; Jean, seigneur de St-Quentin ; François et Hugonnet de Châteauneuf ; François de Beauregard ; Aymar Bérenger, seigneur du Pont ; Aymard, seigneur de Bressieu ; Guélis de Rochefort ; Humbert de Fallavel ; Jancelme Bertrand ; Lantelme d'Autun et Lantelme Eynard, qui se déclarent hommes-liges dudit seigneur Dauphin.

1307. Libertés et franchises du seigneur de Quirieu, accordées par Jean Dauphin.

1335. *Vidimus* de la donation faite à Humbert Dauphin et à ses successeurs du royaume de Vienne, avec ses appartenances, par le comte d'Oetingen, procureur, au nom de Louis, empereur.

1345. Lettres du Dauphin Humbert, étant prêt à partir contre les Turcs, par lesquelles il permet aux nobles de sa terre de La Tour et de Valbonnais, de s'assembler et d'élire des syndics pour y commander en son absence et y maintenir les peuples en tranquillité.

28 juillet 1355. Lettres d'Amédée, comte de Savoie, par lesquelles il mande à tous les nobles du Viennois de prêter l'hommage qu'ils lui devaient à Mgr le Dauphin, ensuite du traité de paix et échange entre eux intervenu.

1361 et 1364. Priviléges de la ville de Vienne.

1396. Procès-verbal au sujet de la juridiction du Dauphin et de l'archevêque de Vienne.

1397. Inventaire de l'argent monnoyé et non monnoyé, trouvé en l'hôtel de la Monnaie, à Crémieu.

1406. Règlement du roi pour la juridiction de l'archevêque de Vienne et du Dauphin.

1406. Procès contre l'archevêque de Vienne ; remarques sur la fondation de Vienne, de l'église et du pont.

1416. Libertés accordées à la ville de Vienne, par Sigismond, roi des Romains.

1422. Lettres du gouverneur de Dauphiné, pour faire prisonniers les officiers de l'archevêque de Vienne, qui avaient usurpé sur la juridiction du roi-dauphin.

1437. Traité entre le Dauphin et l'archevêque de Vienne.

1449. Conventions de paix entre Louis Dauphin de Viennois et le duc de Savoie.

1454. Hommage au roi-dauphin, par Antoine de Poisieu, archevêque de Vienne, du temporel de son église.

Art. 4. Titres de St-Marcellin.

L'inventaire de ces titres en rappelle également d'assez importants sous le rapport historique. Voici l'énonciation des principaux :

16 des calendes d'octobre 1151. Lettres de Conrad, roi des Romains, en faveur du prince Silvion, qui l'exceptent de la juridiction de tous les comtes et le réservent à la seule juridiction de l'empire.

1152. Bulle de l'empereur Frédéric, par laquelle il inféode le château de Clérieu à Silvion de Clérieu.

1209. Priviléges de la ville de Moirans, accordés par Berlion, seigneur dudit lieu.

3 des ides de mars 1248. Acte par lequel Aymar de Sassenage, seigneur d'Iseron, promet de servir Guigues Dauphin, comte de Vienne et d'Albon, en ses guerres contre Aymar de Poitiers et Raymond Bérenger.

1249. Traité de paix entre Berlion de La Tour, seigneur de Vinay, et Odobert, seigneur de Châteauneuf.

1275. Sauvegarde en faveur des Templiers, pour le château de Planèse, à Vourey, et pour une grange à St-Étienne-de-Crossey.

1276. Libertés accordées aux habitants de Montbreton, par Jacques de Rossillon, leur seigneur.

1286-1304-1347-1368. Franchises et libertés des habitants de Tullins, accordées par les seigneurs.

1293. Acte par lequel frère Aymon, maître de l'hôpital de St-Antoine, reconnaît tenir en fief et hommage-lige et reddible, d'Humbert Dauphin et d'Anne son épouse, le château, ville et mandement de St-Antoine, avec toute juridiction.

1314. Acte par lequel Jean Dauphin remet aux chevaliers de St-Jean-de-Jérusalem Vourey qu'il avait pris sur les Templiers à leur suppression.

24 juin 1340. Priviléges, franchises et libertés accordés par Humbert Dauphin aux habitants de Rives.

1342. Traité entre le pape et Humbert Dauphin, au sujet de la ville de Romans dont le Dauphin s'était emparé.

1342. Franchises et libertés accordées aux habitants de Romans.

1347. Libertés de la communauté de Tullins.

1428. Testament de Claude de Rossillon, seigneur de Tullins, par lequel il institue héritier le Dauphin.

1489. Coutumes et libertés de Bressieux.

Art. 5. Titres concernant le Valentinois.

L'Inventaire des archives rappelle un grand nombre de titres parmi lesquels il s'en trouve beaucoup d'intéressants. Mais on s'est attaché principalement à relever des notes sur les titres non inventoriés renfermés dans des cartons déposés aux archives.

Voici l'indication de quelques-uns de ces titres :

Titres concernant les évéchés de Valence et de Die.

1267. Différends relatifs à l'élection de Guidon de Montlaur, comme évêque de Valence.

6 octobre 1268. Bulle du pape Clément V, portant annulation de cette élection.

18 avril 1276. Sentence arbitrale de Robert, duc de Bourgogne, sur les différends entre l'évêque de Valence et Aimar de Poitiers.

30 juin 1280. Ligue faite entre Louis, seigneur de Beaujeu, et Aimar de Poitiers, comte de Valence, contre Aimar de Rossillon, archevêque de Lyon ; Amédée, évêque de Valence, et Artaud, seigneur de Rossillon, et leurs adhérents.

29 mai 1319. Trève de deux ans entre le comte et l'évêque de Valence, par ordre du pape Jean.

Juillet 1189. Donation par Raimond, comte de Toulouse, à Aimar de Poitiers, de tous ses droits dans le comté de Diois.

Cartons cotés Valentinois en général.

6 mars 1277. Emancipation faite par Aymar de Poitiers, comte de Valence, en faveur d'Aymar, son fils.

6 mai 1277. Donation faite par Aymar de Poitiers, fils de Guillaume, comte de Valence, à Aymar son fils, de divers châteaux.

21 mars 1290. Procuration d'Aymar de Poitiers, comte de Valence, pour appeler au Saint-Siége des griefs qu'il avait soufferts dans le concile de Vienne.

13 janvier 1332. Testament d'Aymar de Poitiers, comte de Valentinois et Diois, par lequel il institue son héritier universel, Louis, son fils aîné, et ses descendants mâles.

23 mai 1345. Testament de Louis de Poitiers, comte de Valentinois et Diois, par lequel il institue héritier universel, Aymar, son fils unique.

9 février 1373. Testament d'Aymar de Poitiers, comte de Valence, par lequel il institue son héritier universel Louis, fils d'Aymar de Poitiers, son oncle.

1412. Cinq patentes de Charles, roi de France, et de Louis son fils, Dauphin de Vienne, pour obtenir des prolongs pour le paiement de cent mille écus, dus au comte Louis de Valence, et de vingt mille francs à Louis de Poitiers, seigneur de St-Vallier, en exécution de la vente par eux faite au roi des comtés de Valence et de Die.

24 juillet 1426. Transaction entre Charles, roi de France, et Louis de Poitiers, seigneur de St-Vallier, sur les différends qu'il y avait entre eux au sujet des comtés de Valentinois et Diois.

7 décembre 1474. Appointement entre les députés de Louis XI et ceux de Charles de Poitiers, seigneur de St-Vallier, sur les différends survenus à raison de l'inobservation de la transaction du 24 juillet 1426.

8 juin 1552. Lettres d'Henri, roi de France, de main-levée des comtés de Valentinois et Diois, et des terres et seigneuries de Moras, Beaurepaire, etc., en faveur de Diane de Poitiers, dame de St-Vallier.

A33-9-60. — Grenoble, impr. Prudhomme. — T.

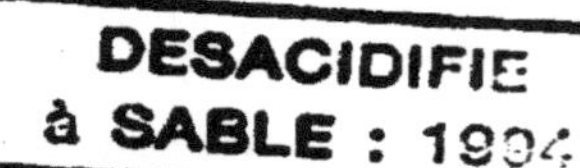

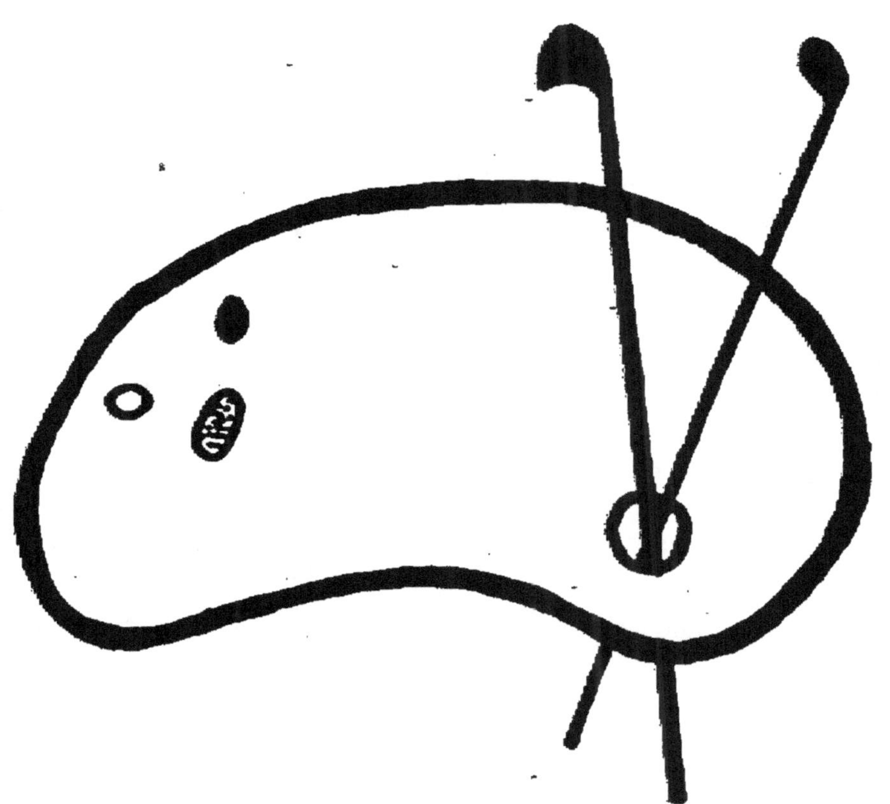

ORIGINAL EN COULEUR

NF Z 43-120-3